La levedad
Cristina Liso

Colección Baños del Carmen

Cristina Liso

La levedad

EDICIONES VITRUVIO
Colección Baños del Carmen,
nº 1. 006

www.edicionesvitruvio.com

Primera edición, 2024

© Ediciones Vitruvio
C/ Menorca, nº 44
28009
Madrid
Teléfono: 91 573 21 86

ediciones vitruvio, nº 1. 658
ISBN: 978-84-128578-6-3

La levedad

a Javier, siempre
incondicional compañero

I
Naturaleza

HACIENDO EL NIDO

Día tras día
vuelan los dos
una y otra vez,
buscan hierbas y hojas
que traen en su pico.

En obediencia perfecta a la vida,
el nido se construye poco a poco:
es exacta su arquitectura.

Entre las ramas, nace oculto
un certero latido.

Lo importante, siempre velado.

ENCINA VIEJA

Desde aquel alto, el viento
zarandea contra la nada
las ramas de tu tronco
 inclinado, casi vencido.
Sólo el latir profundo de la tierra
retiene tus raíces.

Miras las nubes,
esa quietud
 azul del cielo,
y te sientes luz con el sol
y canto con el mirlo.
Y, cuando miras las estrellas,
te haces esplendor en la noche.

Deja encina en mis ojos tu silencio.

VIENTO

Hoy no amanece,
un cielo bajo y gris
oculta el sol.
El viento de la noche
ha batido las puertas,
ha roto en el balcón las flores
y, blancos, los ciclámenes
son en el suelo estrellas.

EN MÍ RESPIRAS
(Trasplante)

Ni del color de aquellos campos
ni de la luz de nieve en tus inviernos
pude saber.

¿Cuál era tu sitio en la mesa?
¿Cuál era el olor de tu casa?

Aunque se tiñeran de azul tus labios,
en mí respiras.

Hoy,
que paseo bajo los plátanos,
conoces el murmullo de mi andar;
mis pasos llevan, ya, tu paso.

SEMILLAS

Sólo pequeñas
semillas enterradas.

Nada más.

Sólo gotas de lluvia límpida
atravesando la tierra callada.

Nada más.

Sólo verlas crecer
en obediencia mansa.

Nada más
es necesario
para entender
que la vida se oculta en el silencio.

ESPERA

Todavía es febrero
el sol nace tarde, hace frío.
Todavía es marzo
la escarcha recubre los campos,
en los sombríos nacen las violetas
y llegan los zorzales hasta nuestro jardín.
Todavía es abril, ya llega mayo
frente a frente, agachados,
las orquídeas nos sorprenden
con su silenciosa belleza.

Es primavera.

CIPRESES

Solitarios, como cipreses
del cementerio, en hilera
avanzamos sin saber hacia dónde,
olvidando las manos y los brazos.

SOL DE INVIERNO

Este sol del camino
tiene color de primavera.
Los álamos, casi desnudos,
esbozan sombras alargadas
sobre la tierra enjuta.
Un viento frío zarandea
las hojas últimas,
pequeñas y doradas,
que allá arriba resisten.

Después, sólo el invierno.

ÚLTIMO VIAJE

Hoy han llegado.

Es un día radiante
 y, desde la ventana,
he sentido un rumor de leves vuelos,
de figuras blancas y negras.
De nuevo este año vienen,
buscan su nido en nuestro porche.
Bajo el fulgor del sol
las sombras de sus alas
se han movido nerviosas sobre el césped.

Pienso en su viaje,
y en nuestro último viaje pienso,
en la sabiduría necesaria
para cruzar los cielos,
para llegar hasta nosotros.

¿Qué mapa seguiremos?
¿Quién nos enseñará el camino?

MILANO

(Entierro en el confinamiento)

Día de primavera
día de campos verdes
bajo el cielo azul.
En la pequeña aldea
un camino entre matorrales,
lleva hasta el cementerio.
Sólo los portadores acompañan la caja.

Quieto, el paisaje
descansa bajo el sol.

Vuela en lo alto un milano,
corean sus silbidos
un sonar de campanas
que llena las calles vacías.

SÓLO UN RAYO DE LUZ

Sólo un rayo de luz
–herida luminosa
entre las hojas del ciruelo
en la sombra del jardín–,
sólo un solitario rayo de luz
habla de la grandeza
del atardecer estival
que cae, tras los montes
a nuestra espalda,
y se oculta en mil juegos eternos
para alumbrar, después,
otros tejados, otras vidas.

PRIMER DÍA DE COSECHA

Ese sol en los árboles.

Los jilgueros tienen su casa
en el extremo de una rama, a merced del
                                    viento.
En el nido del porche,
las golondrinas.

El campo obediente y feroz
se llena de oro.

Ruidos metálicos,
garras de hierro
cortan las espigas.
Separan grano y paja.

Vuela el milano
el nuevo silencio
del cansado rastrojo.

PROGRAMACIÓN DEL DIA

Subir por la pared que lleva al cielo,
tocar las nubes, escuchar
cómo duerme en ellas la lluvia,
descender con cuidado,
comprobar que respiran las hojas de los árboles
y tejen cantos con el viento.

Después, caminar sola
bajo la sombra de los bosques.

YO SOLO SOY

Yo sólo soy un anhelo,
un asombro infinito
ante el amanecer de cada día,
ante el cielo estrellado de la noche.

II
FAMILIA Y HOGAR

RÍA DE DEVA

Cogida de tu mano avanzo
sobre el estrecho muro de la ría,
el agua callada y oscura
discurre hacia la mar.
Por entre los manzanos,
nuestras canciones suenan
bajo el sol del estío.

Me gusta el estampado de tu falda,
madre,
aquel moño italiano,
y la dulce sonrisa
por la que respiras.

Tú has llegado a la orilla,
nosotros seguimos cruzando.

HATOR, HATOR

(villancico tradicional en euskera)

La voz serena de mi madre
canta su infancia
y llena la mía de música.

Poseen las palabras
extraños ecos.

Entre las notas cálidas
descubro, junto a su sonrisa abierta,
los asombrados ojos de una niña
que cuida del belén.

Ella todavía no sabe
que llega siempre, oculto, el tiempo
y deja llenas las habitaciones,
sólo, de ausencias.

DICIEMBRE

Entre cláxones y sirenas
las luces navideñas,
rojas y verdes, amarillas,
se reflejan en los escaparates
junto a borrosas siluetas
que van y vienen.

Rápida camina entre el ruido
de aceras empapadas.
Va sola y no le importa,
en la piel lleva
sus montes, pájaros y soles,
aquel silencio de su infancia.

En el pueblo tiene, ya, la vecina
adornado el acebo del jardín.
Entre las calles solitarias
un ladrido, a lo lejos,
quiebra la quietud de la noche

LA COCINA

Una canción vibra en la radio,
canturrea mientras dibuja
sobre el papel, sus sueños infantiles.

En la pared verde de la cocina,
el reloj de las cinco.

Suena como sonó entonces la música:
en cada pliegue de   mi piel,
en cada uno de mis sueños,
entre tus besos olvidados.
Despliego en el tendal la ropa
y la luz del recuerdo descansa sobre ella.

La tarde ya no tiene tiempo.

MERCERÍA CAMINO

Me gustaba ir a la mercería.
Ponerme de puntillas
y, con las manos
sobre el mostrador de cristal,
descubrir un tesoro
de color en los hilos ordenados.

Ahora ya, desvencijada,
llena de periódicos viejos
tras la oxidada verja
 con un se alquila pegado al cristal,
escucho, todavía,
aquel sonido del papel de seda
cuando las manos
delgadas de Camino
envolvían las lanas.
A mi lado, mi madre,
alta y bella le sonreía
aliviando su soledad.

CONSTRUYENDO LA VIDA

Ladrillo rojo
sobre ladrillo rojo,
dibujarán el hueco de la puerta
para entrar y colgar el abrigo.
Ladrillo rojo,
sobre ladrillo rojo,
alzarán las ventanas
con flores violetas de invierno,
y las paredes blancas
de la cocina donde comer juntos.

Cuando cerremos la puerta,
cuando la ropa esté colgada
y abiertas las ventanas,
cuando todo sea nuestro por fin,
llegarán las órdenes
de abandonar el edificio.

LECTURA EN LA HABITACIÓN

Los cojines revueltos,
desparramados.
Sobre el silencioso sofá,
un periódico.
Bosques en llamas,
desiertos que se extienden,
glaciares desplomados sobre el mar.

Por la ventana entra el paisaje.
Juegan las sombras de las hojas
desde los árboles,
dibujan mil imágenes de luz
ajenas a toda amenaza.

MANZANAS Y GALLETAS

(sobre cuadro homónimo de Paul Cezanne)

Das la vuelta una a una
para comprobar su belleza,
con movimientos calmos
tus manos, siempre laboriosas,
las dejan sobre el estante.

En su silencio las manzanas
teñidas de rojo, naranjas y amarillos
ofrecen la luz de todo el verano
y al respirarlas traen
el aroma del viento
pasando entre sus hojas.

Sacas las galletas del horno
y un dulce olor llena la habitación,
pones todo sobre la mesa.

Por la ventana canta el río,
tú lo escuchas
y sueñas.

LIMPIEZA DE LA CASA

Cada día limpia la casa,
cada día plancha con esmero
sintiendo el calor de las prendas en sus manos.

Ordenada la ropa en el armario,
doblados sobre sí mismos los jerséis
dibujan rayas de colores en los cajones.

Todo descansa en su sitio
y la luz, también ordenada,
acaricia la cristalera.
Parece que ha sido así siempre,
que nada ha cambiado.

El cuidado camina silencioso.

A LA ORILLA DEL MAR

Cuando miro tus ojos cálidos
y tus manos pequeñas
abrazo el mar y siento su latido.
En el negro de tu pupila
vive el océano
azul y perfecto, infinito.

Agua, sal, arena, olas,
luz, viento, huellas en la orilla.
Toda la vida en apenas una mirada,
toda la luz del amanecer en tu sonrisa.

Caminamos: tú a saltos, yo despacio.

JUEGOS REUNIDOS GEYPER

Una caja rectangular
de llamativo borde rojo.
Dentro, pequeñas piezas
y hermosos cartones.

Juguemos con las fichas
de colores brillantes
y de bandos contrarios:
rojos y azules, verdes y amarillos.
Disfrutemos,
comámonos unos a otros
siguiendo la suerte que los dados dictan.

¿Quién impone las normas?

Nos dividen en frentes
y, como Foucault dice,
el Poder marca las reglas y, día tras día
todos nosotros las ejecutamos.

Cumplamos órdenes.
¡Que continúe el juego!

SE VENDE

Abro la puerta,
recorro las habitaciones
amplias, llenas de muebles.
Ya no hay plantas ni fotos,
silencio y orden tienen la última palabra.

Siento que mi infancia
no tiene un dónde,
no está en el mapa
el lugar de mis sueños.

La niña con la mano dice adiós,
me envuelve el frío del olvido.

III
Poesía

EL SOLITARIO

Tal vez nadie en el universo piensa en mí
Roberto Juarroz

Tal vez nadie en el universo
piense en él, pero sus raíces
se hunden en la tierra que es la nuestra.
Tal vez nadie en el universo
piense en él, pero el viento
trae hasta nuestra boca
su aliento por el aire.
Tal vez nadie en el universo
piense en él, pero sus pájaros vuelan
en mis bosques y en mis mañanas
resplandece su sol.

Todos tenemos el mismo sueño
aunque creamos ser
árboles solitarios
en un frío paisaje.

AUTORRETRATO

La miro,
la veo feliz cuando plancha
cuando cuida las flores
o en la mesa prepara la comida.

Estudio Pico della Mirandola:
nuestro libre albedrío
sustituye el pecado original.

¿Tendré que practicar y limpiar dudas,
planchar las aporías
con entusiasmo? Una vez más,
extraviado, mi pensamiento
sigue su senda.

Ella, echada en el suelo,
hace fotos de orquídeas silvestres,
disfruta los colores,
le da consuelo su belleza.

Anda con mis zapatos,
tiene mis manos,
late en ella el corazón
que yo he perdido.

EXHORTACIÓN A LA POESÍA

Entra en casa, entra,
puerta y ventanas
están abiertas para ti,
trae palabras silenciosas
entre tus dedos.
Muéstranos el misterio luminoso
de cada uno de los días.

DENTRO DE UN LIBRO

Acompañas mis manos,
me tomas de ellas
con el ímpetu de tus letras
y me adentro en tus páginas.

Se llena mi cabeza de hojas húmedas
echo raíces, soy uno de ellos.
Se refugian entre mis ramas
jilgueros y pinzones
que cantan y estremecen el paisaje.

Un viento apresurado
mueve tus páginas
y siento frío,
la nieve cae en copos
lentos, callados.
No tengo raíces ni hojas,
soy un lobo de sigiloso andar
y dibujo mis huellas
sobre el blanco silencio.

Día tras día,
oculta entre tus letras,
descubro la luz transparente
que moldea la vida.

PURA POESÍA

Palpita poesía
desnuda de palabras.
¡Hasta ser sólo espacio que la luz atraviesa!

EL UNIVERSO DE G. BRUNO

Observo un cielo perfecto,
el fulgor de sus estrellas.
Giordano Bruno, con una vela,
inspecciona el universo
y lo descubre haciéndose, deshaciéndose
en cada instante.
Siento el vértigo de los mundos infinitos.

Ya preparan el fuego de su hoguera.

Cierro los ojos,
quiero volver a casa
notar su resguardo.

LA MANTA DEL PASTOR

(variación poema Abraham
IBN EZRA. Tudela 1089-
1164)

La manta me acompaña siempre,
ha arropado mi cuerpo bajo el cielo
en las noches calladas
del estío; mi cuerpo exánime
tras recorrer angostas sendas
con el rebaño.

Por la lluvia
por la nieve,
por los años,
hace ya tiempo que la manta
no abriga:
tiene agujeros.

Por ellos miro
la inmensidad de las estrellas.

IV
Muerte

VISITA AL TANATORIO

Con gestos automáticos
un empleado deja los botellines de agua
y sale presuroso.
Dentro de la sala tercera
la luz directa desde el techo
hace más yermas las palabras.

El padre, de pie, mira
los colores intensos de las flores
que, ajenas al dolor, brillan sobre la caja.
Sentada más allá,
la madre alisa
su falda con cuidado
y permanece inmóvil.

La esposa tiene
veintinueve años
y una intensa dulzura azul
en su mirada ausente.
Él falleció este sábado
y se habían casado el viernes.

Por la ventana
–a lo lejos un perro ladra–
entra la primavera.

Florecen blancos los cerezos del jardín próximo.

PANDEMIA

Sólo tierra, un montículo desnudo
sin árboles, sin hierba.
Sólo el aroma de la muerte
y un color gris en el viento.
Sólo tres personas
y los pájaros junto a la verja.

NOCTURNOS DE CHOPIN

A la memoria de Joan Margarit

Ante el mismo paisaje
y la misma ventana,
es diferente todo
cada día. Este viento
serpentea despacio
entre las hojas verdes
en primavera y tiembla
entre ramas desnudas
en el desnudo invierno.

Escucho los Nocturnos
los mismos que otros días:
voy a un nuevo lugar
por un recuerdo nuevo
y llego hasta tu muerte.

SOMBRAS

Con el sol a la espalda, caminamos.
Ellas van delante y llevan
nuestros mismos gorros
nuestros mismos palos de monte.
Pueden sentir
el latido de las raíces
de los árboles, su silencioso
crecer entre las entrañas
de la tierra.
Pueden oler las hojas
de roble caídas,
la huella del jabalí en el barro.

Marchan a nuestro ritmo
y al pasar junto al cementerio,
dicen que pronto estaremos allí
yertos, unidos a ellas.

JUNTO A LA IGLESIA

Cantas a mis oídos
indiferentes, Primavera,
a mis cegados ojos
te abres en mil colores.

Corren los manantiales,
pureza transparente
despertando la vida.

Junto a la iglesia,
bajo un ciprés,
mi sonrisa de piedra.

HACERSE ÁRBOL

Buscaste, en los mapas, caminos
que sólo, entre el viento, se encuentran.
Quisiste ser raíz,
silencio cerrado en la tierra.
Hoy, el tronco tiene tu forma.
Sus vasos llenos de savia atraviesan
y fecundan tu cálido vientre.

Te abraza el último rayo de sol
en cada ocaso.
Seguir la luz era el camino.

ATAÚDES
(Pandemia)

No temáis, no estáis solos,
venimos hasta aquí desde la tierra.

Vivimos cada nuevo amanecer,
y hemos sido bañados
en cada primavera,
en inviernos de nieves silenciosas.
La lluvia nos dio su frescura,
redondo y lento el tiempo
traspasó nuestra piel.

No temáis, no estáis solos
en esta hilera de anónimas muertes.
Escuchad nuestro latido.

Todo está preparado,
será la tierra verde lecho
con coronas de flores
y lámparas de estrellas.
Las rosas nacerán
en vuestras manos.
Todo se convertirá en canto
ante vuestra muda presencia
y juntos creceremos, de nuevo, hacia el cielo.

V
Amor

INSOMNIO

La noche, de redonda luna,
tiende su luz sobre las sábanas.
Duermes tranquilo,
me abrazo con cuidado
a tu espalda.
Miro este cielo.
Tú y yo, estrellas, tierra y luna
existimos en el mismo latido.

CUIDADO

La vida está en tus manos,
en el paisaje exacto de tu piel,
en tu atento cuidado
que recrea un mundo sin muerte.
Un mundo en el que todo se celebra,
donde se teje, minuto a minuto,
la delicada urdimbre
del amor en la vida.

CONFINAMIENTO

Surge ruidoso el canto
de la tórtola turca
deslizándose entre los álamos,
entre tus manos silenciosas,
entre tu miedo y el mío.

TRAZO DEFINITIVO

En el café humeante,
en tu ropa recién planchada,
entre los pilares de leña,
sobre el reflejo del sol,
en el agua de la huerta,
en tus solitarios silencios.

¿Dónde dibujará la ausencia su trazo
definitivo?
Acaso sólo
en tus manos calladas.

BESO

Junto al paseo
chocan las olas.
Saben a sal los labios.

ESPERANDO AL AUTOBÚS

Gotas de lluvia estallan
sobre la marquesina.

En mí, todo es silencio.
Aunque los otros no sean mentira
eres tú mi verdad.
Siempre serenas,
tus diáfanas palabras
atraviesan mis bosques.

ABRAZO

Borra el paisaje
la niebla de verano
como el olvido borra
cada uno de nuestros días.

Sólo una ausencia densa y pura
me envuelve.

Seguiré el sendero de piedras,
el angosto camino seguiré
que me lleve a tu abrazo.

PASEO POR EL RÍO

El día es luminoso y frío.
Majestuosos, los falsos plátanos
dibujan el camino.
El río lleva agua turbia, remansada,
nadan los ánades reales.
Plásticos y envases
llenan el recodo del cauce.
La luz se cuela
entre los árboles,
los refleja velados en el agua.

Suena el otoño
en nuestros pasos,
cogidos de la mano
pertenecemos al río también
y, como él, confiadamente
descansaremos en el mar.

NO HAY GRANDES HISTORIAS

Cada mañana dibuja la luz
nuestros cuerpos envejecidos
sobre las sábanas.
Un nuevo día,
un inmenso vivir,
un frágil latido que permanece.

Casi no queda nada:
una grieta del tiempo
entre vejez y muerte;
una grieta estrecha, profunda
donde se unen principio y fin.

Sólo pequeñas cosas cada día
pequeños paseos,
conversaciones cortas
y manos enlazadas,
mientras el campo
crece al dictado del invierno.

No existen grandes historias
sólo instantes sucesivos,
ladrillos que hacen edificios.

SIEMPRE

Te he querido
con mi trenza de mujer joven,
con mi piel de mujer mayor.
Te he querido
entre las gotas de lluvia,
en la paz de la nieve,
los días de sol y de niebla.
En este otoño, que es el tuyo,
con tus labios, que son los míos,
también te he querido.

ÍNDICE

I
Naturaleza, 9

II
Familia y hogar, 25

III
Poesía, 39

IV
Muerte, 49

V
Amor, 59

Ediciones Vitruvio

Colección Baños del Carmen

Últimos libros publicados: